RESTAURATION
DU
PANTHÉON FRANÇAIS.

RESTAURATION
DU
PANTHÉON FRANÇAIS.

COMPTE RENDU

PAR LE CIT. PEYRE, ARCHITECTE,
MEMBRE DE L'INSTITUT NATIONAL,
ET DE LA COMMISSION
NOMMÉE PAR LE MINISTRE DE L'INTÉRIEUR
POUR L'EXAMEN
DU DOME DU PANTHÉON FRANÇAIS.

A PARIS,
DE L'IMPRIMERIE DE H. AGASSE, RUE DES POITEVINS, N°. 13.

L'AN VII.

A LA COMMISSION

NOMMÉE PAR LE MINISTRE DE L'INTÉRIEUR,

POUR L'EXAMEN DES DÉGRADATIONS

DU DOME DU PANTHÉON.

COMPTE RENDU

Par le citoyen PEYRE, *membre de cette Commission, des différens rapports qu'il lui a faits, et des avis qu'il lui a donnés qui sont consignés dans les registres de ses délibérations.*

LES effets alarmans qui se sont manifestés aux piliers du dôme du Panthéon et les progrès rapides qu'ils faisaient, avaient provoqué l'attention et excité les craintes d'artistes expérimentés dans l'art de construire; et le gouvernement avoit appellé en l'an 4 des architectes pour examiner jusqu'à quel point ces craintes pouvoient être fondées.

Plusieurs commissions avaient été successivement nommées. Chacune d'elles avoit rendu compte de l'état de ce monument et proposé des moyens de restauration : elles avoient fait connoître les moyens qui avoient été employés dans cette construction, les difficultés qui s'étoient présentées, les essais qui avoient été faits : elles avoient donné les résultats des nivellemens, décrit l'état des piliers du dôme qu'elles avoient vus jusques dans l'intérieur : elles avoient fait des calculs infinis pour connoître le poids du dôme ; enfin, elles avoient mis le public éclairé à portée de juger, comme elles, de l'état où se trouvoit ce monument, au moment où elles ont terminé leurs travaux.

Le 1er fructidor an 5, nous avons été nommés par le ministre de l'Intérieur à l'effet d'examiner les projets faits par divers artistes, et de reconnoître les progrès et les effets qui avoient eu lieu jusques-là. Nous avons rendu compte de ces projets et nous avons fait de nouvelles observations. Nous avons donné des plans, fait des profils, proposé des moyens : nous avons suivi à cet égard la route que les commissions antécédentes nous avoient habilement tracée. Nous avons reconnu qu'une partie des effets qu'elles avoient indiqués faisoit journellement des progrès, qu'il s'en étoit manifesté de nouveaux jusques dans les parties les plus élevées du dôme, et que ces effets augmentoient visiblement.

Je vous ai successivement rendu compte de mes observations particulières et de celles que j'ai faites avec le citoyen Chalgrin dans mes rapports des 1er et 16 floréal, du 16 prairial, du 16 fructidor an 6, et des moyens que je pensois qui pourroient venir au secours de cet édifice dans mes rapports des 21 fructidor an 6 et 6 vendemiaire an 7. J'ai joint à tous ces rapports des figures exactes de chacun des effets que j'avois remarqués, afin de vous les faire connoître parfaitement, de pouvoir en conférer dans nos assemblées particulières, et qu'elles servissent d'objets de comparaison pour apprécier les effets qui pourroient avoir lieu à l'avenir ; et j'ai définitivement proposé un projet de restauration.

1er. RAPPORT. Dans le premier de mes rapports j'ai observé que ces piliers continuoient à travailler, j'ai indiqué les effets qui avoient eu lieu depuis quelques mois et j'ai rendu compte de ceux que nous avions observés dans les parties supérieures ; j'ai témoigné mes craintes à la commission, en l'invitant à observer sans cesse ces mouvemens dangereux et à nous réunir, s'il le falloit, plus fréquemment encore pour prendre sur un objet d'une aussi haute importance une délibération prompte et définitive.

Dans le second, celui du 16 floréal, j'ai décrit les effets qui avoient eu lieu dans l'arc de la voûte de la nef du fond et sur l'un des pendentifs; j'ai annoncé qu'il s'en étoit manifesté de nouveaux dans les parties supérieures, que ceux que nous avions déjà observés continuoient jusqu'à 67 mètres du sol de cet édifice, et qu'ils se faisoient verticalement au-dessus de la colonne la plus maltraitée : j'ai donné les figures d'un effet qui avoit eu lieu sur l'archivolte de l'arcade de la nef du fond, sur une partie du pendentif, qui se continuoit sur l'architrave et dans la frise du grand entablement. J'ai figuré également les arcades adossées à la première coupole, celle ornée de caissons; je vous ai invité dans ce rapport à une surveillance de plus en plus active, et à vous occuper des moyens de prévenir les plus grands accidens. 2e. RAPPORT.

Un troisième rapport, fait le 16 prairial, contient un compte exact des effets que nous avions déjà observés. J'y ai donné les figures de ces effets et de leurs correspondances; une coupe générale avec des plans et des profils de cet édifice et des développemens sur de plus grandes échelles, des parties qui m'avoient paru devoir l'exiger : j'ai terminé enfin ce rapport par demander que notre travail fût soumis très-incessamment au ministre de l'Intérieur, et que vous l'invitiez en même tems à donner des ordres très-prompts pour l'étayement des parties qui menacent davantage. 3e. RAPPORT.

Ayant reconnu que des parties de cet édifice se dégradoient journellement, vous arrêtâtes dans votre séance du 6 thermidor an 6, que nous serions spécialement chargés, le citoyen Chalgrin et moi, de faire un rapport sur l'état de ces dégradations, afin d'en rendre compte au ministre et l'engager à donner des ordres pour étayer.

4e. RAPPORT. Dans un quatrième rapport fait le 16 fructidor, je vous ai rendu compte des effets des arcs-chaînettes qui supportent la partie extérieure du dôme, de leur construction, de leur retombée sur les piliers des angles des murs latéraux, de l'action des voûtes sur ces murs et des causes qui ont déterminé les effets qui ont eu lieu : je vous ai donné des plans et des profils de la retombée de ces grands arcs avec la figure des cassures qui avoient eu lieu, et je vous ai annoncé que je vous soumettrois incessamment un projet pour fortifier toutes les parties qui avoient souffert par une construction qui lieroit les piliers intérieurs avec les piliers extérieurs.

5e. RAPPORT. Le 21 du même mois, je vous ai fait un cinquième rapport, où j'ai insisté sur la nécessité d'arrêter définitivement notre opinion, afin de pouvoir rendre compte au ministre de nos travaux; je vous ai démontré que, vu le progrès rapide des dégradations, il falloit y apporter le plus prompt remède; que nous avions demandé au ministre de l'Intérieur qu'il ordonnât d'étayer dans le plus bref délai la partie qui menaçoit d'un danger imminent; qu'il falloit donc nous occuper non-seulement de prévenir les accidens qui seroient indubitablement les suites de ces effets dangereux, mais encore des moyens de les réparer et de consolider ce superbe monument pour le conserver à la postérité la plus reculée.

Je vous ai observé que les commissaires qui avoient été successivement nommés, avoient pensé unanimement que la cause de ces mouvemens dangereux provenoit de la méthode vicieuse de construction qui avoit été adoptée, celle de démaigrir les lits des pierres et de ne les faire porter que sur les arrêtes des paremens dans

dans une largeur de cinq à six pouces seulement, en remplissant le vide immense avec du mortier.

Je vous ai rapporté que le citoyen Rondelet avait donné dans son mémoire, page 33 et suivantes, un détail de cette manière de construire, qu'il en avoit démontré les inconvéniens et avoit appuyé ses observations sur l'expérience et sur les événemens malheureux qui avoient été les suites de cette méthode vicieuse; que les membres de toutes les commissions avoient généralement pensé que si ces piliers n'eussent pas été construits dans ces faux principes, ils eussent pu supporter un poids plus considérable encore que celui de ce dôme; qu'il paroît démontré que tous les effets proviennent du tassement occasionné par ce vice de construction, et que ce qui le prouvoit évidemment, c'étoit que les piliers avoient déjà tassé et qu'il s'étoit manifesté des fissures sur les paremens avant que les cintres des voûtes fussent même commencés.

J'observois encore que le citoyen Gothey annonçoit que le tassement des piliers avoit eu lieu peu de tems après qu'ils avoient été érigés, et que ce tassement avoit été plus considérable alors qu'il ne l'avoit été depuis; qu'il démontroit qu'ils avoient tassé de vingt-trois lignes et demie avant la construction du dôme, et que depuis, jusqu'à l'an 5, ils n'avoient tassé que de dix-sept lignes et demie; qu'on pourroit donc conclure de cette observation que le tassement devoit être arrivé à son terme, puisque le citoyen Gothey assuroit que, dans l'espace de neuf mois qu'il avoit observé les effets du dôme du Panthéon, il ne s'étoit fait aucun tassement dans les piliers. Je vous citois encore que ces commissaires avoient fait faire des règles qu'ils présentoient sur des reperes faits sur la face de pan coupé des piliers du dôme, que nous avions vérifié avec ces mêmes règles et que nous n'avions trouvé aucune différence.

Je concluois de ces observations que les piliers ne devroient plus tasser ou qu'ils feroient infiniment peu d'effet, et que nous pouvions être tranquilles sur ce qui en formoit le noyau; mais je vous observois que les colonnes des angles étoient écrasées et qu'elles faisoient des progrès rapides vers leur destruction, particulièrement celles des angles droits opposés aux pans coupés qui supportoient la majeure partie de la charge du dôme qui étoit rejettée dessus par la projection des pendentifs, et que celle du pilier D particulièrement étoit dans un état de dégradation effrayant.

Je vous invitois à jeter un coup-d'œil sur les effets qui étoient résultés de ce vice de construction et sur les craintes fondées qu'ils nous faisoient naître : je vous rappellois que dans les différens rapports que j'avois faits à la commission, je lui avois rendu compte des effets qui avoient eu lieu jusques dans les parties les plus élevées de ce dôme; que ces effets qui se manifestoient jusqu'à une hauteur de 68,8 décimètres avoient une correspondance directe avec cette colonne du pilier D, et qu'ils s'élevoient verticalement au-dessus; je prouvois qu'ils correspondoient également avec le pilier C qui est autant maltraité que celui D dont la colonne de l'angle droit, qui a effectivement moins souffert que celle du pilier D, écrasoit néanmoins.

Je vous observois que si ces piliers eussent été construits dans de meilleurs principes, la colonne de l'angle droit n'eût pas résisté au poids dont elle est chargée et à la poussée des parties qui agissent sur cet angle; car il falloit observer qu'elle porte l'angle d'un massif de pierre de dix-huit mètres, sept centimètres de haut, et six mètres trente-huit centimètres d'épaisseur sur la diagonale prise de cet angle à la face circulaire de l'intérieur du dôme; que ce massif étoit encore chargé du poids d'une portion de la colonnade extérieure, et que la très-grande majorité du poids de la tour du dôme et des trois coupoles étoit rejettée dessus par la projection des pendentifs et par celle des arcs des voûtes des nefs.

Mon opinion sur les colonnes des autres angles de ces mêmes piliers, celles qui reçoivent la retombée des arcs du dôme à l'extrémité des nefs, étoit qu'elles devoient être reconstruites en pierre de bonne qualité de 43 à 48 centimètres de haut, que les sommiers devoient être faits de même et que cette construction exécutée avec soin suffiroit pour porter la portion du dôme qui charge sur ces points d'appui ; mais qu'il ne suffiroit pas de reconstruire en pierre dure ou de quelque matière que ce soit plus dure encore, la colonne de l'angle droit opposé au pan coupé, parce qu'il faut également soutenir l'angle du mur, et résister à la poussée des pendentifs et des arcs des voûtes des nefs ; que les commissaires-ingénieurs étoient si bien persuadés qu'il falloit opposer une forte résistance à l'action de ces parties supérieures et des pendentifs, qu'ils avoient proposé de construire un arc-boutant qui eut opéré cette résistance.

J'observois encore que la saillie énorme des pendentifs sur les piliers et le porte-à-faux de la tour du dôme sur cette saillie, qui avoient fait concevoir des craintes à presque tous les artistes qui s'étoient occupés de la restauration de cet édifice, ne présentent aucun danger ; que la surface des pendentifs ni celle des pans coupés des piliers ne pouvoient souffrir en aucune manière de la pesanteur du dôme ; que la tour et la colonnade intérieure du dôme portoient effectivement sur la saillie de ces pendentifs et étoient de toute leur épaisseur hors de l'à-plomb des piliers sur le vide du dôme, mais que ce porte-à-faux ne devoit exciter aucune crainte.

J'ai cité la comparaison des dômes de Saint-Pierre de Rome, de Saint-Paul à Londres, des Invalides et du Panthéon de Paris, en vous invitant à voir le parallèle que le citoyen Rondelet a publié avec son mémoire, (1) et j'ai observé que les pendentifs

(1) Les plans donnés par le citoyen Rondelet, dans l'an 5, ayant des échelles sur les mesures dont on faisoit usage alors, je suis obligé de parler ce même langage, afin de mettre le public à portée de vérifier mes citations.

du dôme du Panthéon n'avoient que huit pieds de saillie, que la circonférence de l'intérieur de la tour étoit de cent quatre-vingt-seize pieds, et que le mur de cette tour qui portoit effectivement à faux sur la saillie des pendentifs n'avoit que six pieds d'épaisseur en comprenant les colonnes engagées; que la saillie des pendentifs du dôme de Saint-Pierre de Rome étoit de onze pieds et demi, que le développement de l'intérieur de la tour avoit quatre cents pieds, et que le mur qui étoit plein avoit dix pieds d'épaisseur et portoit entièrement en dedans sur la saillie des pendentifs; qu'il étoit constant que les pendentifs ni les piliers du dôme de Saint-Pierre n'avoient jamais manifesté d'effets dangereux, que les effets qui avoient occasionné des craintes, effectivement fondées, et qui avoient nécessité de fortes réparations étoient dans la tour du dôme, et provenoient uniquement de l'action de la coupole; que cette comparaison du dôme de Saint-Pierre où les porte-à-faux étoient bien plus importans, où la circonférence de l'intérieur de la tour du dôme excédoit de plus de deux fois celle du Panthéon, et où le poids de cette construction étoit infiniment plus considérable, devoit convaincre qu'il n'y avoit aucune appréhension à avoir sur ce que le dôme du Panthéon portoit en grande partie en-dedans sur la saillie des pendentifs.

Je vous observois encore que les piliers du dôme de Saint-Pierre opposoient une résistance à l'action des pendentifs d'environ dix vingt-quatrième du diamètre du dôme, et que ceux du Panthéon n'avoient que deux treizièmes, plus un vingt-quatrième; d'où il résulte que les piliers de Saint-Pierre opposoient une résistance à l'action du dôme d'environ quatre fois plus considérable que celle des piliers du Panthéon, puisqu'elle étoit au diamètre du dôme comme dix est à vingt-quatre, et que celle des piliers du Panthéon est comme quatre est à vingt-quatre, sauf quelques légères fractions : qu'il falloit donc s'occuper des moyens de consolider les parties foibles sur lesquelles reposoit la solidité de ce dôme, et d'opposer à l'action des parties supérieures une forte résistance.

Je terminois enfin par vous annoncer que dans le projet de restauration que j'avois fait, je m'étois appliqué à multiplier les forces à un tel degré qu'elles puissent apporter une résistance qui seroit supérieure encore à celle des piliers du dôme de Saint-Pierre.

La description de ce projet a fait la matière du sixième et dernier rapport que je vous ai communiqué le 6 vendemiaire an 7, et que je vais rapporter en entier : 6e. RAPPORT.

Les recherches continuelles que nous avons faites sur l'état du dôme du Panthéon depuis la fin de l'an 5, les nombreux examens, le compte que chacun de nous a rendu de ses observations, les progrès des effets qui avoient donné des craintes, le danger qui nous a paru imminent et les inquiétudes que nous avons manifestées en demandant au ministre qu'il fût donné des ordres pour étayer promptement, ces étayemens qu'on exécute, l'impatience du public qui attend que le gouvernement se détermine sur le parti à prendre, tout presse la conclusion de nos travaux et le compte que nous devons rendre au ministre.

L'Europe entière s'intéresse à la conservation de ce monument. Les artistes que nous avons jugés voient le danger s'accroître : ils ont les yeux ouverts sur nos opérations pour nous juger à leur tour.

Serons-nous plus heureux que ces artistes dans les moyens que nous proposerons ? Voilà la grande question qui tient tous les esprits dans l'attente : accélérons donc notre rapport général ; il est tems que nous mettions le gouvernement en situation de prendre lui-même un parti.

Donner à cet édifice toute la solidité qu'il exige sans rien changer aux dispositions de son superbe plan, est sans doute un problême difficile à résoudre.

D'un côté le génie des arts et le bon goût de l'architecture demandent de conserver l'intérieur de ce monument dans toute sa pureté. Toutes les parties en sont si bien liées, il y règne une telle harmonie, qu'il semble qu'on ne pourroit rien ajouter ni rien retrancher sans détruire le charme de cette ingénieuse composition : de l'autre, l'état actuel de ce monument exige des moyens prompts de restauration.

Réparera-t-on seulement les parties dégradées des piliers pour conserver la pensée toute entière de l'architecte en laissant subsister des doutes sur la solidité de l'édifice ? ou bien fera-t-on des constructions qui le consolideroient, mais qui en détruiroient la belle ordonnance ? ou bien enfin s'arrêtera-t-on à des moyens qui, en interceptant peut-être quelques points de vue, ôteroient quelque chose au charme de l'ensemble ?

Je pense que les moyens de consolidation deviennent indispensables, si l'on veut transmettre à la postérité un monument fait pour honorer à jamais le génie de l'architecture française. Les observations que nous avons faites des dégradations des effets anciens, de ceux qui se sont nouvellement manifestés et de leurs correspondances, m'ont convaincu qu'il y avoit un risque vraiment imminent à ne faire que réparer les parties dégradées sans opposer une force majeure à celles qui paroissent l'exiger absolument.

Le projet de restauration que je vais soumettre à la commission est basé sur ce principe : il ne nécessiteroit aucun changement sous le dôme, dans les nefs ni dans les parties absolument apparentes. L'aspect de l'intérieur de ce monument seroit en général le même et le dôme conserveroit toute sa grace.

Il est démontré que par la projection des pendentifs, la majeure partie de la pesanteur du dôme est rejettée sur l'angle des piliers opposé aux pans coupés (*Voyez planche V.*) et que cette charge porte directement sur ces colonnes angulaires. Il est donc d'une absolue nécessité d'apporter toute la force de résistance sur cet angle.

Il est également démontré que l'action de ces pendentifs et des arcs des nefs est de pousser les piliers en dehors du dôme sur l'angle qui leur est opposé.

Les commissaires-ingénieurs avoient senti la nécessité d'opposer une force majeure à l'action des pendentifs sur les angles droits : ils avoient proposé de construire des arcs-boutans, dont la retombée eût été sur le pilier diagonalement opposé ; mais lorsqu'ils proposèrent ces arcs, les effets qui se sont manifestés depuis n'avoient pas eu lieu, les colonnes de ces angles n'étoient pas plus maltraitées que celles des autres angles, et on n'avoit pas remarqué d'effets dans les parties supérieures, qui correspondissent avec les piliers. On devoit donc présumer qu'il suffiroit d'opposer cette résistance et de réparer les colonnes des angles.

Je pense aussi qu'il faudroit opposer des arcs-boutans à l'action des pendentifs ; mais il faudroit qu'ils prissent naissance du sol de l'édifice, qu'ils fissent parpin avec les colonnes des angles des piliers formés par la rencontre des murs latéraux, et qu'ils arrivassent sur les angles droits des piliers du dôme à vingt-un mètres deux décimètres (soixante-cinq pieds) de ce sol, hauteur où les ingénieurs les avoient projettés.

L'action des pendentifs et des arcs des voûtes qui font diverser les piliers du dôme nécessiteroient qu'on fit un massif entre les piliers intérieurs et extérieurs, ou une construction dont la force puisse équivaloir à celle d'un massif. J'ai pensé que pour parvenir à ce but, il faudroit construire d'autres arcs-boutans qui prendroient également naissance du sol de l'édifice sur l'angle droit des piliers du dôme, et qui se réuniroient aux premiers, à seize mètres, (environ quarante-neuf pieds) ces arcs liés ensemble à différentes hauteurs par des voûtes de trois pieds d'extrados opposeroient une forte résistance à la poussée des pendentifs et des arcs des nefs, et à la charge du poids du dôme. (*Voyez planche V.*)

Pour remédier à la défectuosité qui auroit résulté de l'apparence de ces arcs et ajouter encore à la solidité de cette nouvelle construction, j'ai pensé qu'on pourroit pratiquer un passage ouvert par quatre arcades entre ces piliers, en érigeant deux pieds droits semblables à ceux formés par la naissance des arcs-boutans adossés aux colonnes isolées qui sont entre ces piliers, qui ne monteroient que jusques à la hauteur des sophites.

Une voûte en cul de four prendroit naissance dans les angles des arcades et se termineroit à une hauteur de sept mètres. L'évidement au-dessus seroit également terminé par une voûte en cul de four à la hauteur du plain-pied de la galerie qui règne dans tout le pourtour de cet édifice.

Les arcs-boutans se continueroient depuis ce plain-pied jusqu'à la hauteur de vingt-un mètres deux décimètres en formant un mur de deux mètres d'épaisseur. Deux cornes de vache qui prendroient naissance au plain-pied de cette galerie envelopperoient la retombée des arcs-chaînettes, et s'élèveroient à trente-trois centimètres au-dessus de la partie des sommiers qui a souffert.

Ces constructions, ces arcs-boutans liés par des voûtes ne formeroient qu'un seul pilier en s'unissant avec les piliers du dôme et les piliers extérieurs formés par la rencontre des murs latéraux. La superficie de ces piliers seroit, jusqu'à la hauteur de la galerie, plus de trois fois celle des piliers du dôme. La longueur, prise sur la diagonale, depuis le pan coupé du pilier du dôme jusqu'au pan coupé extérieur, seroit de quatorze mètres vingt-six centimètres (44 pieds), au lieu de ~~quarante-un~~ quatre mètres vingt-cinq centimetres (13 pieds), qu'ont les foibles piliers qui ont porté toute

toute la charge du dôme et résisté à la poussée des pendentifs et des arcs des nefs.

J'observe que les colonnes des angles où les arcs-boutans prendroient naissance, seroient reconstruites en même tems qu'on érigeroit ces arcs et que les pierres des arcs feroient le parpin des colonnes. Ce parpin auroit une longueur d'un mètre huit décimètres.

Il est évident que cette construction consolideroit les parties de cet édifice qui souffrent davantage, et que la réunion, par une construction solide, des deux piliers maintenant isolés, opposeroit une résistance majeure à l'action de toutes les parties qui agissent continuellement. Il me semble que ce seroit le seul moyen de conserver le dôme et de transmettre ce monument à la postérité la plus reculée.

Cette nouvelle construction ne nuiroit en aucune maniere à l'effet qui excite le sentiment d'admiration qu'on éprouve en entrant dans ce bel édifice, puisque les parties les plus apparentes ne subiraient aucun changement; que l'accord qui règne dans la division géométriquement combinée de ce plan seroit conservé dans toute son intégrité; que les percés seroient les mêmes et que le développement des parties supérieures, le mouvement des corniches, l'accord des voûtes et des culs-de-four avec le dôme produiroient toujours les mêmes effets.

Les percés dans les massifs laisseroient appercevoir, il est vrai, une partie moins étendue des nefs de la croisée : on ne verroit plus au premier aspect le développement des voûtes de ces parties éloignées qu'on apperçoit par les entre-colonnemens ouverts de toute la hauteur de l'ordre.

Mais ces parties d'architecture qui seroient vues successivement entre des arcades, ne produiroient-elles pas un effet plus mystérieux encore ?

On sait que lorsqu'on voit successivement les parties d'un

édifice dans un cadre rétréci, quelle que soit son étendue, on le suppose toujours plus vaste qu'il ne l'est en effet ; et c'est de cette illusion que naît l'intérêt le plus vif.

Ces tableaux, sans cesse renouvellés, présenteroient des contrastes d'autant plus piquans, que les devants variés par la forme et par l'effet opposeroient des masses solides et obscures à des fonds lumineux qui en paroîtroient plus brillans encore.

Des colonnes engagées dans les piliers du dôme aux extrémités des nefs.

Les colonnes engagées dans les mêmes piliers, aux extrémités des nefs, supportant les grands-arcs du dôme, manifestent une dégradation effrayante : mais le danger n'est pas aussi imminent que celui des colonnes des angles droits. Je pense qu'il suffiroit de les reconstruire avec de la pierre de bonne qualité de quarante-cinq centimètres de haut, comme l'avait proposé le citoyen Rondelet.

Je ne crois pas qu'on doive fortifier les faces latérales de ces piliers en y faisant de nouvelles constructions. Le mur élevé au-dessus des sophites de l'ordre d'architecture est effectivement de soixante-six centimètres en porte-à-faux sur le nud du mur de l'entre-colonnement, mais cette pesanteur est rejettée particuliérement sur l'angle droit de ce massif contre lequel toute l'action se réunit, et cet effet ne seroit nullement dangereux si les constructions que je viens de proposer étoient exécutées.

Un objet qui doit fixer particuliérement l'attention, en ce qu'il concourt en même tems à la solidité de cet édifice et à en embellir encore la décoration, c'est l'ouverture des tribunes pratiquées dans les arcs-doubleaux des voûtes des nefs. Ces arcades qui divisent la voûte dans la largeur d'un entre-colonnement laissent des pieds droits sur les angles dont la maigreur est effrayante.

Dans un projet de restauration que le citoyen Chalgrin a soumis à la commission, il avoit proposé de fermer les tribunes pratiquées sur les entre-colonnemens saillans des extrémités des nefs, et de décorer les arcs-doubleaux dans un genre d'architecture antique qui se seroit accordé avec les autres parties de décoration de ce superbe édifice, et eût concouru d'une maniere certaine à sa solidité.

Plusieurs artistes qui ont publié des projets de restauration du dôme du Panthéon, ont pensé, comme avoit fait le citoyen Chalgrin, qu'il falloit supprimer les tribunes.

Cependant, si ce monument, consacré à la mémoire des grands hommes, devoit servir à des fêtes nationales, comme la disposition de son plan, sa vaste superficie et la magnificence de son architecture paroissent l'indiquer, il faudroit conserver ces tribunes, afin de faire participer à ces fêtes un plus grand nombre de citoyens.

Je suis de l'avis de ceux qui ont pensé qu'il falloit élever le sol de tout l'édifice à la hauteur du dessous des bases des colonnes. Il est évident que cet empâtement contribueroit à donner plus de solidité, que l'architecture en acquerroit de meilleures proportions, que les colonnes paroîtroient moins grêles et que l'effet général seroit plus grand encore.

Ces observations, ces avis et le projet de restauration sont le résultat d'un travail immense fait dans l'espace d'un an : si je n'eusse été éclairé par la quantité d'ouvrages qui ont été publiés, par les plans et les détails exacts que le citoyen Rondelet a donnés, par l'opinion des membres des commissions qui nous ont précédés dans cet examen, par celle des artistes qui se sont empressés de proposer des moyens de restauration, par vos observations, vos conseils, par nos discussions et enfin par les conférences que j'ai eues avec beaucoup d'architectes, il m'eût été impossible de terminer ce travail en aussi peu de tems. Il est donc le résultat des lumieres de tous ceux qui se sont occupés de la restauration du dôme du Panthéon.

Si le moyen que je vous soumets, et qui me paroît devoir remplir effectivement le plan que je me suis proposé, celui d'apporter une force irrésistible à l'effort des parties supérieures et consolider les autres parties sans nuire à la forme du plan et sans rien changer à la décoration ni à l'accord qui règne dans l'ensemble ; si enfin vous approuvez ce projet, je demande qu'il soit incessamment remis au ministre de l'intérieur avec votre avis qu'il attend, sous le plus bref délai.

Je vous répète encore, Citoyens, que vous devez considérer ce projet comme un simple avis que je devois donner à la commission, comme un devoir qui m'étoit impérieusement commandé par la confiance dont le gouvernement m'a honoré, en m'adjoignant à vous.

Observations. Depuis ce dernier rapport, je vous ai fait les observations suivantes : que dans la séance du 15 vendémiaire, les citoyens Chalgrin et Rondelet vous avoient rendu compte des vérifications qu'ils avoient faites de l'aplomb des piliers du dôme, en se servant pour cette opération des perpendicules qui sont placés sur les pans coupés, et qu'ils avoient trouvé à chacun des piliers un déversement en dehors du dôme sur la diagonale opposée au pan coupé ; que cette opération ayant été réitérée, avoit donné un résultat de trente-trois millimètres au pilier A, trente-cinq au pilier B, trente-huit au pilier C, et trente-six au pilier D dans la hauteur, depuis le socle de l'ordre du pourtour de cet édifice jusqu'au-dessous des sophites de l'entablement. En vous faisant remarquer que les piliers C et D, ceux qui ont le plus souffert, avoient déversé de quelques millimètres de plus que les autres ; je vous observois que, dans la séance du 1er pluviôse an 6, je vous avois rendu compte d'un nivellement que j'avois fait faire au pourtour de ces mêmes piliers à la hauteur des tailloirs des chapiteaux, et dont le résultat tendoit à indiquer ce déversement ; que le citoyen Gothey vous avoit prouvé par des calculs bien faits, que le poids du dôme étoit rejetté en grande partie sur les angles droits de ces piliers par la poussée des arcs des voûtes des nefs, et que je croyois vous avoir suffisamment démontré que l'action de la poussée des pendentifs contribuoit plus encore à l'effet de ce déversement; que ce déversement qui agissoit sans cesse, et qui ne pouvoit être arrêté qu'en opposant une forte résistance à son action, commandoit impérieusement de faire des constructions solides pour arrêter ces effets; que vous avez pensé qu'on pourroit exécuter une portion de la partie supérieure du projet que je vous avois présenté, en faisant prendre la naissance des arcs au plain-pied des galeries seulement contre les angles des piliers extérieurs.

J'observois que cette construction opposeroit effectivement de la résistance à la charge et à l'action des parties élevées du dôme, et jetteroit une grande partie de son poids sur les piliers extérieurs, mais qu'elle ne soulageroit pas suffisamment les parties inférieures, et n'empêcheroit pas que le déversement des piliers du dôme ne continuât son effet; qu'il résulteroit en outre l'inconvénient que les sommiers de ces arcs qui ne seroient que plaqués sur les angles des piliers extérieurs, n'auroient pas une solidité suffisante; que dans le projet que je vous avois donné, les arcs-boutans prendroient naissance du sol de l'édifice, sur des fondations anciennes, et feroient parpin avec les colonnes; que cette base qui auroit plus de trois mètres superficiels, donneroit à ces arcs la plus grande solidité; et que je persistois à croire que toute autre construction n'auroit pas une force suffisante pour résister à l'action des parties supérieures du dôme et à celle de la poussée des pendentifs et des arcs des nefs.

FIN.

DÉTAIL EXPLICATIF DES PLANCHES.

PLANCHE PREMIÈRE.

PLAN de la construction projettée pour unir les piliers du dôme avec ceux de la rencontre des murs latéraux, afin de ne former qu'un seul pilier de ces trois parties, pris sur la ligne AA du profil, planche V.

A. Pilier intérieur.

B. Pilier extérieur.

a. Naissance de l'arc-boutant qui agit contre l'angle du massif élevé sur le pilier A, et qui monte à la hauteur de vingt-un mètres deux décimètres (65 pieds.)

b. Naissance de l'arc-boutant qui joint celui *a* à la hauteur de seize mètres.

Nota. Il faut observer que les pierres de la naissance de ces arcs-doubleaux qui forment en même tems les dosserets des arcades feroient parpin avec les colonnes; que chaque assise auroit deux cents vingt-un centimètres de superficie, et qu'elles acquerroient une surface plus étendue encore à mesure que ces arcs s'éléveroient.

c. Pieds droits des autres arcades. Ils sont adossés aux colonnes.

d. Passage.

e. Arcades.

PLANCHE IIe.

Plan *idem* à celui de la planche première pris sur la ligne BB du profil, planche V.

A. Pilier intérieur.

B. Pilier extérieur.

f. Continuation de l'arc-boutant indiqué a, (planche Ire.)

g. Continuation de celui indiqué b.

h. Continuation des pieds droits des arcades.

i. Murs de cinq décimètres d'épaisseur, élevés au-dessus des arcades jusques sous les sophites.

k. Vide conservé pour l'élégissement de ce massif.

PLANCHE IIIe.

Plan *idem*, pris sur la ligne CC du profil planche V, au plain-pied des galeries du pourtour de cet édifice qui est au niveau du dessous de la corniche de l'ordre de l'intérieur.

A. Pilier intérieur.

B. Pilier extérieur.

a. Continuation de l'arc-boutant, (fig. 2, planche Ire.)

b. Continuation de l'arc-boutant opposé.

Nota. Du sol de cette galerie, ces arcs-boutans forment un mur d'un mètre huit décimètres, qui s'éleve à une hauteur de dix-neuf mètres quatre décimètres du sol de l'édifice sans interrompre la prolongation de l'arc qui s'éleve encore à un mètre huit décimètres au-dessus de ce mur.

c. Passage formé par la rencontre des arcs-boutans.

d. Pied droit d'un mètre quarré, qui n'est engagé que d'un sixième de son parpin, dans le massif du pilier extérieur B.

Nota. C'est dans l'angle de ce mur et du pilier extérieur B, que les cornes de vache qui consolident les arcs-chaînettes prennent naissance.

e. Murs construits dans le renfoncement des arcs, pour consolider le pied droit d.

PLANCHE IVe.

Plan *idem* pris sur la ligne DD du même profil à l'extrémité du mur et des développemens des cornes de vache.

A. Pilier intérieur.

B. Pilier extérieur.

f. Mur.

g. Cornes de vache qui embrassent la retombée des arcs-chaînettes.

h. Petites cornes de vache à la tête du grand arc-boutant.

i. Arcs-chaînettes.

k. Panache qui prend dans l'angle rentrant de la retombée des arcs-chaînettes.

l. Soubassement de la colonnade extérieure du dôme.

m. Plan de la colonnade extérieure.

n. Plan de la tour du dôme.

PLANCHE V.

Profil d'un pilier du dôme et d'un des piliers extérieurs, formé par la rencontre des murs latéraux, avec la construction projettée pour lier ces deux piliers.

A. Pilier intérieur.

B. Pilier extérieur.

a. Arc-boutant qui prend naissance du sol de l'édifice, et qui se prolonge jusqu'à une hauteur de vingt-un mètres deux décimètres (65 pieds.)

b. Arc-boutant prenant également du sol, qui joint le premier à une hauteur de seize mètres.

c. Colonne d'angle du pilier extérieur qui seroit reconstruite en même tems que le pied droit a.

d. Colonne de l'angle droit du pilier intérieur qui seroit également reconstruite en formant le pied droit b.

e. Arrivée de l'arc-boutant sur l'angle du massif.

f. Mur en pierre, formé de la continuation des arcs-boutans et du remplissage du vide de ces arcs.

g. Saillie des cornes de vache sur le retour des murs latéraux ou murs du pourtour de cet édifice.

h. Saillie des petites cornes de vache sur le retour du massif au-dessus des piliers du dôme.

i. Arcs-boutans construits par M. Soufflot.

k. Ouverture conservée pour descendre dans le vide, pratiqué pour l'élégissement indiqué planche II.

l. Angle du massif portant sur les colonnes des angles droits des piliers.

m. Tangente qui indique la projection de l'action des pendentifs sur le pilier.

n. Rencontre des deux arcs-boutans.

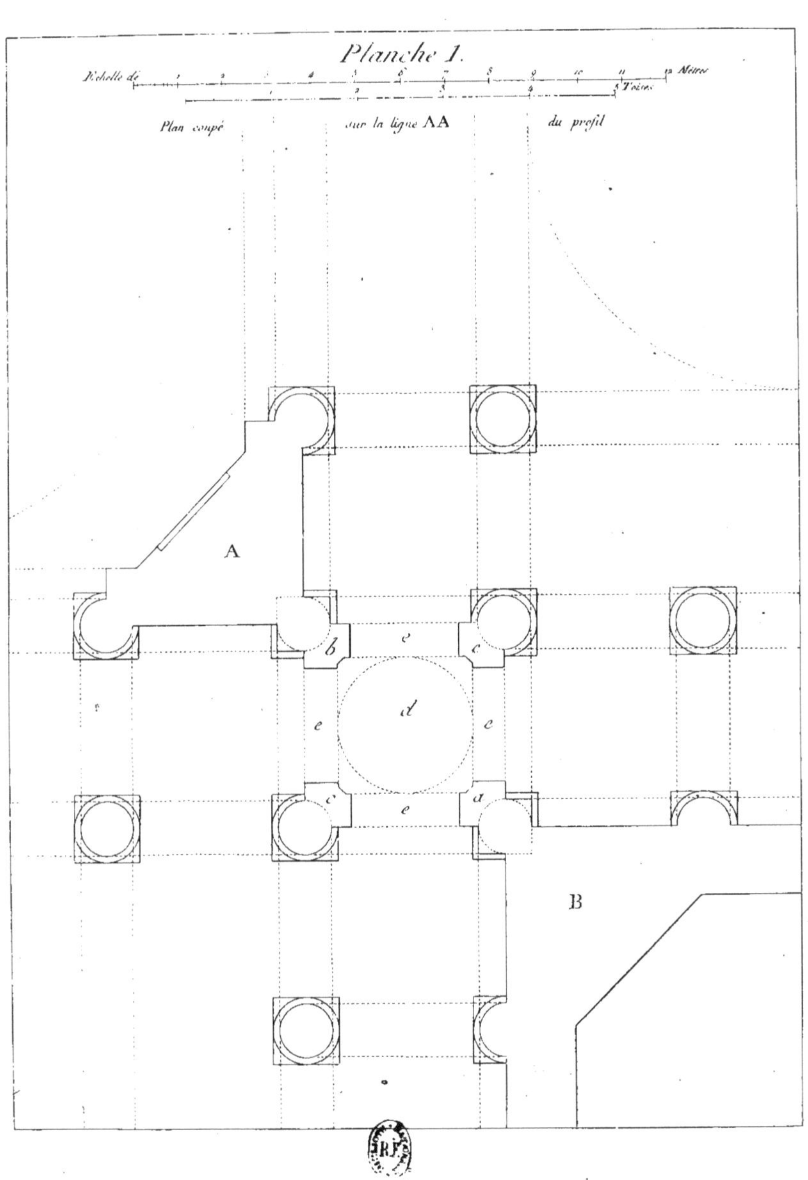
Planche 1.
Echelle de
1 2 3 4 5 6 7 8 9 10 11 12 Mètres
1 2 3 4 5 Toises
Plan coupé sur la ligne AA du profil
A
b
e
c
d
e
e
c
e
a
B

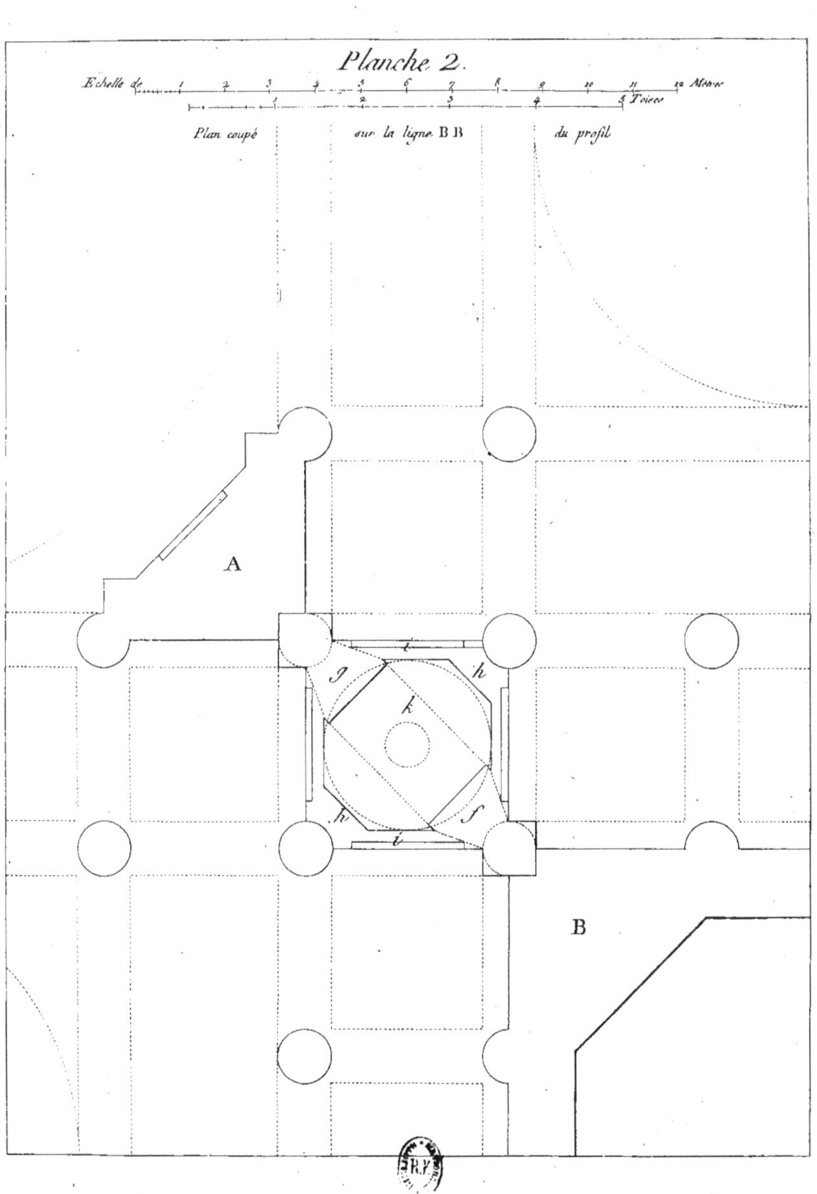
Planche 2.
Echelle de 1 2 3 4 5 6 7 8 9 10 11 12 Mètres
1 2 3 4 5 Toises
Plan coupé sur la ligne B B du profil
A
B
g
h
k
h
f
i
i

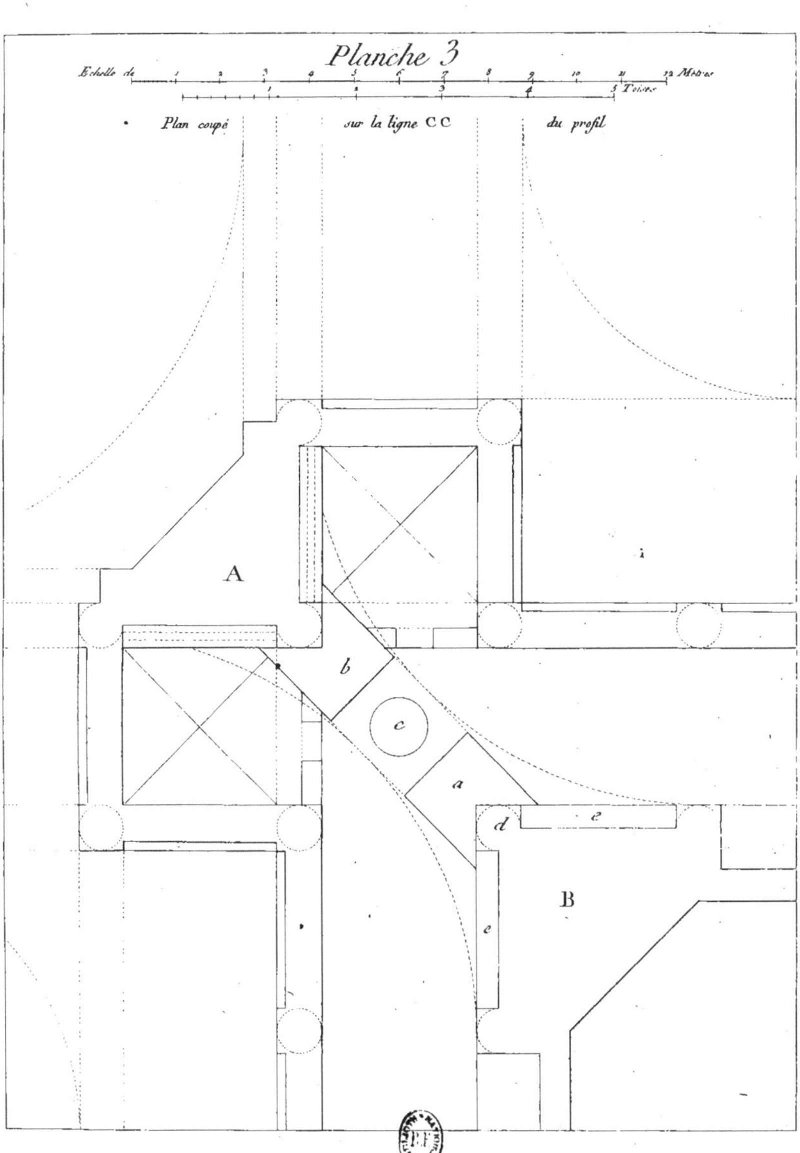
Planche 3
Echelle de 1 2 3 4 5 6 7 8 9 10 11 12 Mètres
1 2 3 4 5 Toises
Plan coupé sur la ligne CC du profil
A
b
c
a
d
e
B
e

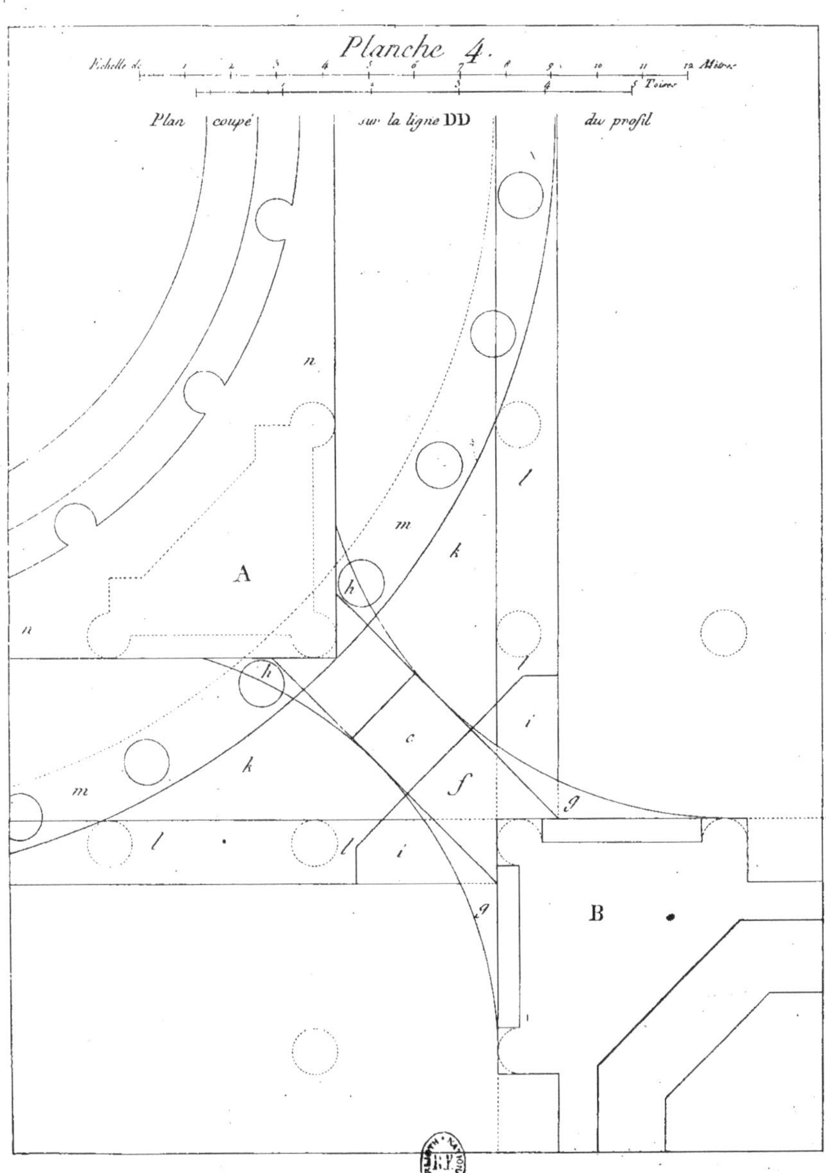
Planche 4.
Echelle de 1 2 3 4 5 6 7 8 9 10 11 12 Mètres
1 2 3 4 5 Toises
Plan coupé sur la ligne DD du profil
n
n
A
h
h
m
m
k
k
l
l
l
l
c
f
i
i
g
g
B

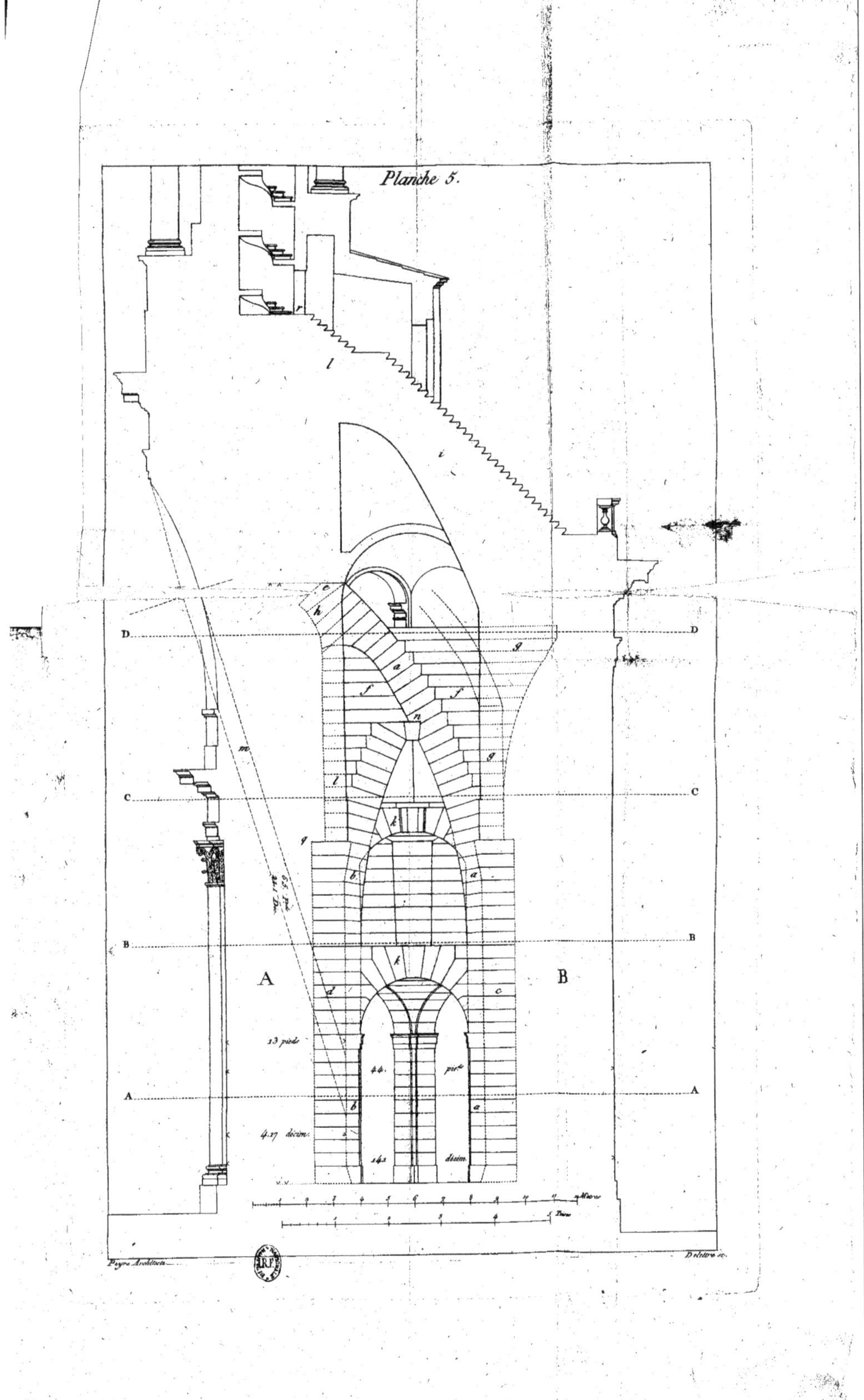

Planche 5.
A
B
D
C
B
A
13 pieds
4.17 décim.
44. pieds
14.1 décim.
65. Pds
21.1 Déc.
Peyre Architecte
Delettre sc.

www.ingramcontent.com/pod-product-compliance
Ingram Content Group UK Ltd.
Pitfield, Milton Keynes, MK11 3LW, UK
UKHW021212230726
13926UKWH00001B/465